AF263891

DU
DROIT D'AINESSE

ET

DE SES CONSÉQUENCES

Par MM. H. D.

> Et personne ne met le vin nouveau dans de vieux vaisseaux, autrement le vin nouveau rompt les vaisseaux, et le vin se répand et les vaisseaux se perdent ; mais le vin nouveau doit être mis dans des vaisseaux neufs.
>
> *Évangile*, selon St.-Marc, Ch. II, v. 22.
>
> Les Français sont *égaux* devant la loi, quels que soient d'ailleurs leurs titres et leur rang.   Charte const., Art. 1er.

PRIX : 1 FRANC.

PARIS.

CHEZ PONTHIEU, LIBRAIRE,

PALAIS-ROYAL, GALERIE DE BOIS,

Et les Marchands de Nouveautés.

1824.

DU DROIT D'AINESSE

ET

DE SES CONSÉQUENCES.

« LA priorité de naissance entre les enfans *nobles*,
» ou qui ont à partager des biens possédés *noblement*,
» pour raison de laquelle le plus âgé des mâles emporte,
» de la succession de son père ou de sa mère, une por-
» tion plus considérable que chacun de ses frères ou sœurs
» en particulier. » (1). Telle est la définition que les anciennes coutumes, dépouillées de la poussière séculière
sous laquelle elles semblaient condamnées à languir éter-
nellement, nous donnent de ce droit d'aînesse qui fait en ce
moment l'objet de tous les entretiens, et que quelques
individus voudraient nous présenter comme un *palladium* sans lequel la France ne saurait conserver sa
puissance, sa splendeur et sa prospérité.

Plus d'un noble adversaire a déjà dit, avec un or-
gueilleux dédain : et qu'importe aux roturiers une question qui seuls nous intéresse? De quel droit viendraient-
ils prendre part à une discussion qui ne concerne que
nous, qui ne touche que nous, qui n'a d'importance
que pour nous? Pardon, mille pardons, M. le Duc,
M. le Comte ou M. le Chevalier : d'après le nouvel ordre

----

(1) Page 5 de la brochure de M. D***.

de choses , nulle loi nouvelle ne saurait être proclamée dans l'État, sans que son influence ne se fît sentir à la masse toute entière. Cette vérité est incontestable, elle est une conséquence naturelle du gouvernement qui nous régit ; et si nous pouvons dire avec tous les roturiers nos confrères , avec tous nos concitoyens sans parchemins : que nous importe le *droit d'aînesse* , à nous qui ne sommes pas nobles, à nous qui n'avons pas l'avantage de *posséder noblement* , ce qui ne veut pas dire avec noblesse , mais bien pour cause de noblesse ; à nous, qui n'avons que des biens transmis par nos pères à leurs héritiers et ceux que nos épargnes et le fruit de nos travaux nous ont permis d'y joindre ; ces biens légalement acquis, légitimement possédés , nous les transmettrons à nos enfans , ils partageront également notre modeste héritage, et pourront braver la misère ; que nous importe qu'un comte , un baron ou un chevalier , ne jouissent pas des mêmes avantages ; que, dépouillés par une loi barbare , ils soient contraints de renoncer aux douceurs du mariage , aux plaisirs de la paternité ; que , cadets sans fortune, ils aillent mendier un bénéfice , solliciter une croix de Malte ou se renfermer dans un monastère ; que leurs nobles sœurs plongées dans le fond d'un cloître, y maudissent en paix leur illustre naissance, qu'elles y portent envie au sort de nos simples villageoises ; que jeunes, belles et sensibles , elles soient condamnées à vivre derrière une grille qui les sépare à jamais des objets de leurs plus chères affections ; que nous importe à nous tous, qui n'avons pas le malheur d'être nobles : nos filles n'en deviendront pas moins des épouses vertueuses, de bonnes mères de familles ; elles paieront leur dette à la nature , elles nous donneront des · petits-fils pour charmer notre vieillesse , pour caresser nos cheveux blancs ; la patrie leur devra des défenseurs pour ses dangers , des artisans pour son industrie , des cultivateurs pour sa fécondité , des hommes enfin pour toutes ses prospérités. Ah ! laissons aux nobles leur droit injuste , n'envions pas leurs brillans entourages, soyons contens et fiers du lot que le hasard nous a départi.

Mais si le rétablissement du droit d'aînesse n'a pas pour nous des conséquences aussi fâcheuses , s'il ne doit jamais porter nos jeunes fils à détester leur frère aîné , s'il ne doit jamais nous contraindre à sacrifier le bonheur de nos filles à l'éclat éphémère de notre nom ; ne croyons pas qu'une loi qui viendra faire revivre et qui consacrera cette ancienne coutume, n'étende pas bientôt son influence jusque sur nous. Sans doute elle sera moins funeste pour les roturiers que pour les familles nobles dont elle doit dépouiller tous les enfans pour l'avantage du seul fils aîné ; mais ces nobles cadets pourront trouver quelques indemnités ; n'en doutons pas , on leur ménagera des ressources , on leur préparera des compensations ; nous seuls nous ne trouverons rien qui puisse nous payer des malheurs que cette loi peut répandre sur nous. Et ces malheurs sont plus grands , ils sont plus voisins qu'on ne pense. Rappelons-nous ce temps si présent encore à tous les souvenirs, où la France était partagée en grandes propriétés ; alors nous ne possédions rien , alors réduits à cultiver pour des seigneurs puissans , pour de riches abbayes des champs que rien ne pouvait diviser , nous n'avions nul espoir d'acquérir un jour une petite portion du sol fertile de notre belle patrie; de grands événemens sont venus mettre un terme à cette longue accumulation de toutes les terres, à cette ina-

movibilité des champs arrosés par nos sueurs. Nous avons
été appelés à partager avec les anciens propriétaires les
immenses richesses de la France; nous avons pu acquérir
pour nous, pour nos enfans, des terres si long-temps in-
cultes dans les mains de la noblesse. De ce moment date
notre bonheur à tous, de ce moment aussi datent les
immenses ressources de notre pays. Mais ce bonheur
dont nous jouissons, une loi peut nous le ravir, et cette
loi est celle qui consacrerait le droit d'aînesse, qui rétablirait
des grands propriétaires qui ne doivent plus vendre, et
qui peuvent toujours acheter. Ces familles nobles ne tar-
deraient pas à envahir l'héritage de vos enfans; l'enceinte
des nouveaux parcs emprisonnerait bientôt vos villages;
d'autres châteaux s'élèveraient sur les ruines de ceux que
la révolution a fait tomber; partout ces patrimoines ina-
liénables s'accroîtraient des champs que nous serions forcés
d'abandonner, et nous aurions perdu l'espoir de les remplacer; nous seuls, dans ce mouvement nouveau, nous
ne pourrions plus acquérir, et dans un temps qu'il serait
facile de déterminer, nous serions privés de tous les
avantages de la propriété, et nos enfans iraient, comme
nos pères, louer leurs bras à des maîtres puissans, et ne
pourraient léguer à leurs neveux que l'infortune et de
pénibles travaux.

Cette loi ne serait donc pas indifférente pour nous; c'est
à tort qu'on voudrait nous interdire la liberté de prendre
part à sa discussion; nous avons notre cause à plaider,
nos droits à défendre, notre indépendance à protéger.
Mais il est d'autres motifs qui nous imposent l'obligation
de parler; le bonheur de la France peut être com-
promis, cette loi porterait atteinte à ses plus chers
intérêts; elle nuirait à sa prospérité, elle porterait

un coup fatal à sa splendeur , à son indépendance ; c'est
en son nom , c'est pour elle que nous devons entrer dans
la lice ; la raison , la justice , le bon droit seront pour
nous , et notre triomphe doit être certain.

Parler en faveur du droit d'aînesse , chercher à démontrer son utilité , le faire envisager comme une
garantie assurée contre les révolutions , comme une
source certaine de bonheur et de prospérité , c'était une
tâche devant laquelle il était possible de reculer , c'était
une cause qui devait rencontrer peu de défenseurs.
Aussi, jusqu'à présent, a-t-on craint de faire naître
une discussion ; et , loin de soumettre cette question à
un examen approfondi , s'est-on contenté d'articuler
pour sa défense, quelques phrases banales, quelques-
uns des argumens si fréquemment répétés depuis plu-
sieurs années.

Voilà pourtant un M. D***, plus hardi que les autres,
qui se hasarde d'entrer dans la lice. Armé d'une brochure, où sont accumulées les raisons les plus spécieuses,
qu'il cherche à appuyer sur les autorités les plus respec-
tables, il semble défier une réponse , et se croit certain
du succès. Son livre renferme tout ce qu'on peut allé-
guer de mieux en faveur du droit d'aînesse ; c'est, en
quelque sorte, le *factum* du parti qui plaide chaque jour
pour le retour des anciennes institutions. Voyons si les
argumens de M. D*** peuvent résister à une discussion
un peu sérieuse, si ses opinions sont fondées, si ses
conclusions sont exactes. Opposons à ses raisonnemens ,
des raisonnemens nouveaux ; aux autorités sur lesquelles
il s'appuie, des autorités non moins recommandables ;
montrons les funestes conséquences qui résulteraient du
retour d'un usage suranné ; et jetant un faible rayon de

lumière sur une question de cette importance, estimons-nous heureux si les intentions les plus louables, si l'amour de l'ordre, si l'attachement au prince et à la patrie nous donnent le droit d'attaquer, tout en le plaignant, un écrivain qui n'a sans doute aussi que de bonnes intentions tout en cherchant à renverser ce qui existe, et à attaquer des institutions sanctionnées par un auguste législateur !

M. D***, qui est probablement d'une naissance illustre, peut-être même un aîné de famille, se reporte, avec complaisance, au temps ou Pharamond n'était que *primus inter pares*; où l'un de nos souverains signait François, seigneur de Vanvres; où les grands pouvaient impunément braver l'autorité du Roi ; sans doute il voudrait voir renaître une époque qu'il trouve si glorieuse, des institutions qu'il croit si favorables à la prospérité d'une nation. C'est là son idée fixe, le but où tendent tous ses vœux, son plus ardent souhait. Le droit d'aînesse peut l'y conduire; il défend le droit d'aînesse ; il défendrait de même tout autre usage antique, s'il le croyait favorable à ses désirs (1).

M. D*** est naïf, il est même simple comme au bon vieux temps, il avoue, et certainement il ne trouvera pas de contradicteurs, que les Francs établirent les fiefs pour conserver plus facilement leur conquête. Et que demande-t-il aujourd'hui ? Que messieurs tels et tels, patriciens d'un certain parti, conservent les débris de cette antique conquête du sol de nos pères, en établissant aujourd'hui le droit d'aînesse pour pouvoir réta-

____

(1) Voyez pag. 5 et 6 de la brochure de M. D***.

blir, demain peut-être, de nouveaux fiefs avec les pri-
vilèges qui en sont la conséquence.

M. D*** va encore plus loin ; *la loi*, dit-il, (celle qui
établissait les fiefs) *fut l'ouvrage de la nécessité... la
victoire a formé le contrat* (1). Ah! prenez-y garde,
M. D*** ne voyez-vous pas que vous sanctionnez ici le
droit seul de la force? et gare les conséquences pour
l'avenir !

A l'appui de ses raisonnemens (nous disons raisonnemens par égard pour M. D***), il prend à témoin
Montesquieu ; mais il le torture pour lui arracher un
témoignage favorable à ses assertions. Il dit, par exemple :
*Que le droit d'aînesse est aussi ancien que la France,
et plus ancien que le trône* (2). Où a-t-il vu cela?
Est-ce par hasard dans Montesquieu ? Mais cet immortel
écrivain dit positivement : » On ne le connaissait point
« dans la première race ; la couronne se partageait entre
« les frères ; les aleux se divisaient de même, et les fiefs
« *amovibles ou à vie*, n'étant point un objet de succes-
« sion, ne pouvaient pas être un objet de partage. (3)»

M. D*** se serait bien gardé de citer le paragraphe
suivant (4) : *Les lois doivent ôter le droit d'aînesse
entre les nobles, afin que, par le partage continuel
des successions, les fortunes se remettent toujours
dans l'égalité.*

M. D*** ne paraît-il pas chercher à se justifier d'avoir
entrepris l'apologie du *droit d'aînesse*, lorsqu'il dit

(1) Pag. 6.
(2) Pag. 7.
(3) Esprit des Lois, L. XXXI, Ch. XXXIII.
(4) Esprit des Lois, L. V, Ch. VIII.

qu'une telle discussion abordée de bonne foi est licite, parce qu'elle n'attaque aucune loi fondamentale de l'Etat (1). Mais nous qui sommes aussi *de bonne foi*, nous prions l'auteur de cette apologie d'avouer, *de bonne foi*, ou qu'il n'a pas lu la Charte royale, ou que cette charte n'est pas la loi fondamentale de l'Etat. Il est impossible qu'avec de la *bonne foi*, on sorte de l'embarras où s'est jeté M. D*** par une telle assertion. Et quand il dit qu'un *sénatus - consulte* du 14 août 1810 a bien autorisé la création des majorats, quand il ajoute que depuis ce temps on a bien aboli le divorce. Que prouve-t-il par là ? sinon qu'on peut remplacer impunément une loi par une loi nouvelle ; c'est encore une chose qu'avec un peu *de bonne foi* on n'osera contester.

L'institution du droit d'aînesse, si chère aux partisans des vieilles coutumes et si vaillamment défendue par M. D***, a, selon lui, *le singulier avantage, sur toutes les autres, d'être le soutien de la Monarchie, la gloire du Trône et le gage assuré du bonheur des individus et des familles* (2). Encore une naïveté qui décèle les intentions et les vœux d'un parti, mais qui laisse voir en même temps le côté faible d'un raisonnement qui s'appuie sur des mots mal liés et sans suite. Ne fait-on pas injure à la Monarchie, en disant qu'elle n'est soutenue que par les aînés d'une certaine classe ? Ne fait-on pas injure à une nation toute entière, en avançant que certains privilégiés sont la gloire du Trône ? N'est-ce

(1) Pag. 7 et 8
(2) Pag. 7 et 8

pas tourner en dérision le bonheur des individus et des familles, que d'oser dire qu'il est attaché à la spoliation de l'héritage des enfans en faveur de leurs aînés ? On conçoit que la ligne de démarcation que l'on voudrait rétablir cause la satisfaction, et si l'on veut, le bonheur des aînés ; mais la félicité des cadets est un peu plus difficile à comprendre, à moins que, regardant avec philosophie les biens d'ici-bas comme d'inutiles et pesans fardeaux, ils ne considèrent comme un grand bonheur d'en être délivrés.

M. D*** s'engage à démontrer que le rétablissement du droit d'aînesse est un *besoin de la France Nouvelle* (1). Il y a de la hardiesse à prendre un tel engagement, il y aurait de la gloire à le remplir, surtout quand on s'adresse comme M. D*** à toutes *les opinions* (2).

M. D*** est pardonnable de raisonner tant bien que mal, nous ne l'en blâmons pas ; il priverait ses lecteurs d'un plaisir qu'on ne goûte pas tous les jours aussi vivement qu'en lisant sa brochure. Mais ce que nous ne lui passerons pas, c'est d'ignorer l'histoire de son pays. Ecrivez, M. D***, c'est fort bien, mais lisez aussi, c'est encore mieux. Lisez votre histoire surtout, vous y verrez si les grands propriétaires créés par le droit d'aînesse se sont toujours *groupés autour du Trône* pour le défendre, s'ils ont été les *soutiens de cette nation* qu'ils ont vexée et pressurée pendant tant de siècles.

Ne faudrait-il pas rappeller ici les funestes conséquences de ces droits seigneuriaux exercés par des aînés sur leurs vassaux. Ne faudrait-il pas faire voir que *cette*

(1) Pag. 8.
(2) Pag. 8.

foule de grandes familles protectrices du sol , obli-
gées de veiller au bonheur des habitans, a rarement
rempli une si honorable obligation. Tâchez de prouver,
M. D***, que ce n'étaient que des cadets, ce comte d'Ar-
magnac, ce duc de Bourgogne, qui prirent les armes
contre leur roi légitime ; ce connétable de Bourbon, qui
alla grossir les rangs des ennemis de la France ; ce ma-
réchal de Biron, qui trahissait le bon Henri ; ce grand
Condé et tous les héros de la Fronde, qui armaient le
peuple contre un roi trop jeune pour pouvoir contenir
une noblesse turbulente. Mais si , comme vous le dites
avec raison, *la voix* des *Montmorency*, des *Bouillon,*
des *Crillon* , (1) appela jadis les sujets à la défense de
la patrie, il ne faudra pas chercher bien loin dans notre
histoire, pour voir à une époque où le droit d'aînesse
venait d'être aboli, le peuple se presser en foule autour
de quelques chefs sortis de ses rangs, voler avec ardeur
dans les champs de la gloire, et, pendant 20 ans de com-
bats , triompher de ces vieilles bandes du Nord , com-
mandées par les aînés de la noblesse de Prusse, d'Au-
triche et de Russie.

Il est des phrases que M. D*** semble affectionner
particulièrement et qu'on retrouve à chaque page de sa
brochure; telle est celle-ci : *ces grandes familles* (celles
où le droit d'aînesse était en vigueur) *rendaient, par
leur richesse le trône plus éclatant et imprimaient à
l'étranger une haute idée de la France* (2). C'est pour
M. D*** un axiôme reconnu, une vérité incontestable,
un fait si positif, qu'il ne se donne même pas la peine

(1) Pag. 8.
(1) Pag. 8.

de citer quelque preuve à l'appui. M. D*** n'aurait-il pas craint, en donnant plus de développement à cette assertion, de montrer trop souvent dans les anti-chambres du souverain, et confondus dans la foule des courtisans, ces nobles aînés, porteurs de si grands noms auxquels il voudrait voir jouer encore le rôle de ces grands vassaux sur qui les rois de France n'avaient qu'un droit de suzeraineté trop souvent méconnu.

Mais savez-vous encore pourquoi M. D*** chérit le droit d'aînesse? c'est que les aînés devenant les plus riches, font fleurir les arts et protègent les sciences; ils achètent des tableaux et des statues, ils servent de patrons aux pauvres académiciens. Allons, artistes et poètes, remerciez le zélé défenseur du *droit d'aînesse*, il ne tiendra pas à lui que vous n'ayez bientôt des aînés pour vous enrichir; mais avant tout, priez-le de trouver le moyen d'empêcher que le petit nombre d'aînés dont en espérance il vous offre l'appui, n'épuisent leur fortune en folles dépenses, et leur crédit par des dettes exhorbitantes.

Si ce bon M. D*** n'était pas ébloui par le beau idéal de l'aristocratie, ne verrait-il pas que depuis trente ans que la répartition des fortunes est générale en France, les richesses ont circulé en alimentant toutes les classes productives; que le goût des arts s'est répandu dans tous les rangs, et conséquemment que jamais il ne s'est fait une plus grande consommation de tableaux, de livres et d'autres objets semblables; ne verrait-il pas que depuis le marchand aisé jusqu'au riche commerçant, depuis le simple sous-chef jusqu'au ministre, les tableaux, les gravures, les bronzes, et enfin tout ce que le luxe a imaginé de plus élégant, sont répandus dans les salons de toutes les classes ? Qu'il nous dise au moins combien il lui faudrait *d'aînés de grandes familles* pour entretenir une pareille consommation.

A l'entendre, les beaux arts dégénèrent lorsqu'ils ne sont pas encouragés à l'ombre du patronage des grands ; ils languissent dans les démocraties. Lisez encore l'histoire, M. D***, voyez à quel degré de perfection ces arts étaient parvenus dans les beaux siècles de la Grèce. Vous dites que la *Hollande a vu peu de grands hommes sur son sol mercantile* (1). Venez, ombres de *Grotius*, de *Barneweldt*, de *S'Gravesend*, de *Jansenius*, de *Juste Lipse* et de *Spinosa*, vous dont les écrits ont éclairé vos concitoyens ; venez, ombres de *Ruyter*, de *Jean de Witt*, de *Corneille* et de *Martin Tromp* qui défendîtes la liberté de votre patrie ; venez, ombres de *Rubens*, de *Teniers*, de *Breugel*, de *Berghem*, de *Van Ostade*, de *Gérard Dow*, de *Paul Potter*, de *Jordaens*, de *Vander Meulen*, de *Lairesse*, de *Vouvermans*, de *Rembrandt* et de *Van Dick*, dont les tableaux célèbres servent encore de modèles à notre brillante école moderne ; venez, ombres vénérables de *Ruisch*, de *Vesale* et de *Boerrhave*, dont les travaux ont eu pour but le soulagement de l'humanité, répondez aux attaques mal fondées de M. D***, et dites-lui que les lumières et la liberté font naître plus de grands hommes que l'orgueilleuse protection d'une noblesse courbée sous le poids des préjugés.

Il n'y a pas encore en France de nouvelle génération, en ce sens, que la génération actuelle n'est pas

____

(1) Pag. 9

encore arrivée à la propriété (1). Qu'entendez-vous par ces paroles, M. D***? à quelle époque a commencé cette génération? avec le siècle, dites vous? mais ce n'est pas en 1800 que le droit d'aînesse a été aboli, c'est en 1791 que l'assemblée constituante l'a renversé; c'est de ce moment que vous devez faire dater votre nouvelle génération ; or, les hommes qui la composent doivent avoir 35 ans, si nous savons compter, et à cet âge on possède, M. D***; à cet âge on est électeur ; à cet âge on a des principes, des opinions qu'il est difficile de déraciner. *Le droit d'aînesse, dites-vous, est une coutume seulement interrompue* (2). Nous ne le pensons pas, le droit d'aînesse existait en vertu d'une loi; il a été détruit par une autre loi; il y a ici abrogation et non pas interruption. Où en serions-nous, M. D***, si une telle manière de raisonner pouvait être admise, si l'on pouvait ainsi rétablir tout ce qui a été abrogé et que vous regarderiez seulement comme interrompu. Pourquoi ne nous rendriez-vous pas de suite les parlemens et les maîtrises, la vénalité des charges et les bénéfices, la torture et les supplices; qui vous empêcherait d'admettre que la possession des biens vendus par la nation n'a été qu'interrompue pour leurs anciens propriétaires, et qu'ils peuvent à leur gré faire cesser cette interruption?

Mais M. D*** tremble en jetant un regard scrutateur dans l'avenir. Voulez-vous savoir ce qui cause son effroi? Les rangs sont confondus, une funeste émulation anime tous les individus : *Nul ne veut embrasser l'état de son*

(1) Pag. 11.
(2) Pag. 11.

père; l'artisan destine son fils pour la robe; le com-
merçant élève le sien pour le notariat; le notaire,
le robin veulent que leurs noms deviennent illustres
dans les assemblées, etc.; combien les lois égyptiennes
qui imposaient au fils l'état de son père, étaient ins-
pirées par les idées de la vraie morale et de la saine
politique (1). Eh bien, au risque de reculer de quelques
milliers d'années la civilisation, adoptons ces lois créées
par le despotisme oriental, et voyons un peu quel
bonheur elles procureront aux générations futures :
chacun restera dans sa sphère et nul ne pourra embrasser que l'état de son père. Voyez-vous l'avocat
destinant tous ses fils au barreau, le maçon, le cordon-
nier, le charpentier forcés d'élever leurs nombreux enfans dans le métier exercé par le père. Nous défions
le plus habile calculateur, et M. D*** lui-même, d'é-
numérer cette masse effrayante d'individus exerçant le
même état. Qu'en fera-t-on? dites, M. D***, et si,
à la deuxième ou à la troisième génération, les enfans
de tous ces malheureux qui ne pourront plus vivre de
leur état, ne se révoltent pas pour avoir du pain,
les cadets et les aînés des grandes familles privilégiées
à votre manière, seront bien heureux.

Allons, M. D***, revenons à de meilleures doctrines,
à des principes un peu moins gothiques. Voyez quelle
mauvaise cause vous avez entrepris de défendre :
voyez dans quel dédale vous jettent de faux raisonnemens: vous nous dites que pour obvier à l'inconvénient
qui résulte de la liberté de choisir une carrière, l'An-

_____

(1) Pag. 14.

gleterre a eu besoin de se menager une ressource en fondant de nombreux établissemens sur les côtes de l'Afrique ; mais l'Angleterre devrait-elle avoir besoin d'un tel moyen, l'Angleterre n'a-t-elle pas conservé le droit d'aînesse ?

Ouvrez les yeux, M. D***, et reconnaissez avec tous ceux qui raisonnent, que plus les individus sont libres dans le choix de leur profession, et plus l'industrie prend d'extension. Nous vous croyons trop de bonne foi pour avancer que l'industrie est un fléau, car enfin c'est à l'industrie que la France doit d'immenses richesses accrues depuis 25 ans par l'effet de la répartition des lumières et des propriétés. Et c'est après que notre industrieuse patrie est parvenue à fournir plus de 814,000,000 fr. d'impôts, à entretenir une nombreuse armée, à payer des dettes immenses, à réparer les maux causés par deux invasions; c'est au moment où l'agriculture, le commerce, les arts et les lettres, nous rendent les égaux des peuples les mieux partagés, que l'on parle de rétablir une coutume légalement abrogée.

Pourquoi, M. D***, serait-il impossible aux trois enfans d'un propriétaire qui paie 800 francs d'impôts, de voter aux élections après la mort de leur père (1)? les croyez-vous donc privés d'état, de lumières, d'éducation ? Pensez-vous qu'ils se contentent de manger, dans l'oisiveté, la petite fortune qui leur est échue? N'est-il pas plus raisonnable, plus vrai, d'admettre qu'élevés convenablement, ils auront embrassé quelque profession utile, qu'ils accroîtront leur patrimoine, soit par un mariage,

(1) Pag. 17.

2

soit par leur industrie, qu'ils paieront patente, et croyez-vous alors qu'il leur sera impossible de voter aux élections?

Vous pensez, M. D***, ou plutôt vous voudriez faire croire que, dans un temps peu éloigné, si l'on ne rétablit pas le droit d'aînesse, le sol de la France sera partagé également entre tous ses habitans, qu'alors chacun restera en repos chez soi, et que les bras manqueront au commerce, aux arts, à l'industrie; est-ce sérieusement que vous osez avancer une pareille proposition?

Vous croyez peut-être que M. D*** a épuisé tous les raisonnemens en faveur de son opinion, mais vous n'y êtes pas: il n'est pas embarrassé pour trouver des comparaisons : c'est même par là que brille sa brochure. Il a remarqué que, dans tous les états, dans les républiques même, il s'élève, à la longue, des familles de patriciens; que sur la terre on voit *des collines et des vallons; que, dans la nature, les individus diffèrent en force et en intelligence; que, dans les villes, l'homme aime à rencontrer des monumens; qu'une sorte d'instinct le rattache à une religion, à une patrie, à une maison paternelle, à une dynastie, à une famille, à des protecteurs et à des amis* (1). Nous laissons à deviner la conclusion qu'il en tire; elle est cependant évidente. Et comment ne pas voir que si le carrosse du riche écrase le pauvre piéton; si Montmartre domine la plaine Saint-Denis; si le crocheteur du coin de la rue a de larges épaules; si tel écrivain n'est qu'un sot; si le Louvre attire les regards de l'étranger; si on n'a qu'une reli-

(1) Pag. 17 et 18.

gion, qu'un père et qu'une patrie, c'est une preuve convaincante de l'utilité du droit d'aînesse.

M. D*** aime beaucoup les comparaisons. Ici, les familles, favorisées par le droit d'aînesse, *croissent comme des chênes protecteurs des forets* (1); plus loin, *elles sont les os impérissables du corps de l'état* (2). Mais, ce ne sont pas là des raisonnemens; rien n'est plus facile que de faire ainsi de grandes phrases, et bien des gens trouvent plus commode de suivre les lois de l'éloquence que les lois de la logique.

Si ce qui frappe les individus doit être mis en première ligne, on doit sentir que *les chefs de famille ne peuvent se passer de fortune, lorsqu'elle est nécessaire pour faire respecter des noms illustres* (3). Nous accordons ce principe à M. D***; l'illustration de la fortune est nécessaire à qui n'en a pas d'autres, mais les hautes vertus, les grands talens, d'éminens services rendus à la patrie, voilà, selon nous, de bien meilleurs titres pour commander le respect : il est vrai qu'ils sont plus difficiles à acquérir que des richesses qu'on doit uniquement au hazard de la primogéniture.

Quel est l'homme de cœur, en France, qui consentirait à voir un descendant de Turenne dans la misère (4) ? Peut être plus d'un homme sensé, peut être plus d'un philosophe, M. D***; nous ne voyons pas en effet pourquoi un descendant de Turenne ou de tout autre grand

(1) Pag. 18.
(2) Pag. 18.
(3) Pag. 19.
(4) Pag. 19.

personnage, ne pourrait pas être pauvre à son tour, comme il pourrait être fou, idiot, ou se rendre coupable d'un crime; qu'il suive l'exemple de ses aïeux, qu'il serve avec gloire son pays, et la fortune le paiera de ses exploits; s'il est sans talent, sans vertu, s'il ne veut pas payer sa dette à la patrie, qu'il languisse dans la misère; c'est la loi de la nature, et c'est devant elle surtout que tous les hommes sont égaux.

Enfin Buonaparte a rétabli le droit d'aînesse pour certaines propriétés (1). Ah! M. D***, l'exemple est mal choisi. Un souverain qui accorde des priviléges si beaux aux aînés de quelques familles, devrait être inattaquable, puisque, comme vous le dites si bien, page 8 de votre brochure, *le droit d'aînesse groupe autour du trône et dans l'état des défenseurs qui, par leur puissance, sont les plus fermes soutiens de la nation;* et pourtant, vous le savez, Napoléon, malgré ses aînés, est allé mourir à Sainte-Hélène.

La seule objection que l'on puisse faire à son exécution (du droit d'aînesse), c'est qu'il blesse les intérêts naturels des frères et sœurs puinés (2). Cette objection, M. D***, n'est pas la seule qu'on puisse faire à votre système, et vous en pouvez avoir la preuve si vous avez lu notre réfutation; mais celle que vous mettez en avant est assez forte, et la réponse que vous cherchez à y faire, n'est rien moins que satisfaisante, *une légitime* (3); n'est, vous en conviendrez, qu'une bien faible compensation. *L'égalité* ne saurait exister entre

(1) Pag. 19.
(2) Pag. 19
(3) Pag. 19

des gens dont les droits ne sont pas égaux, et jamais des enfans ne pourront voir, avec plaisir, un frère prendre possession de tout l'héritage de leur père ; ils pourront se soumettre à la loi, mais nous doutons beaucoup qu'ils l'admirent. *Bientôt, dit M. D***, l'exiguité de leur fortune les oblige a choisir un état* (1) ; sans le rétablissement du droit d'aînesse, ces cadets seraient-ils restés dans l'oisiveté ? et, dépouillés par leur aîné, *leurs lumières vont tourner au profit de la société,* faut-il admettre que ces lumières lui auraient été moins utiles, si ces pauvres diables avaient hérité de 25 ou 50 mille livres de rente ? et ne doit-on pas craindre plutôt que l'état de gêne auquel ils se trouvent réduits, ne rétrécisse leur génie, et ne leur permette pas de donner à leur intelligence toute l'extension dont elle aurait été capable ? Cependant, nous voulons bien croire, avec M. D***, qu'ils deviendront des *ecclésiastiques distingués, des officiers doués d'une bravoure héréditaire, des négocians éclairés,* etc., etc. ; nous voulons bien admettre encore qu'ils deviendront *les plus utiles soutiens de la société, les plus fermes appuis du trône* (2) ; nous croirons même, avec M. D***, que c'est à l'exiguité de leur fortune qu'ils devront de jouer un rôle aussi important dans l'état ; seulement nous demanderons à M. D***, pourquoi tant favoriser les aînés pour en faire de fermes appuis du trône, si les cadets, sans fortune, vont en faire tout autant ? et s'il ne serait pas plus simple de laisser les choses comme elles sont, puisque, riche ou pauvre, un homme qui a un grand nom, ne

(1) Pag. 20.
(2) Pag. 20.

saurait manquer de devenir un des plus fermes appuis du trône, un des plus utiles soutiens de la nation?

Le partage égal des biens entre les enfans d'un même père, présente, au premier coup-d'œil, une image séduisante d'équité (1). Cet aveu a sans doute un grand prix dans la bouche de M. D***, seulement nous aurions voulu qu'il reconnût avec nous que ce partage égal n'est pas simplement une image d'équité, mais bien l'équité elle-même, telle qu'il nous est possible de la concevoir. *Mais ce partage n'offre que des avantages momentanés.* Nous ignorons ce que M. D*** entend par cette restriction; en quoi ces avantages sont-ils momentanés? le bénéfice de ce partage n'est-il pas éternel? ne se transmet-il pas de génération en génération? *Il entraîne après soi les plus funestes conséquences :* M. D*** va sans doute nous donner la solution du problême. *Il sème les révolutions.* Ah! M. D***, voilà de grands mots, une phrase bien ronflante; on peut vous faire ici l'application de cette sentence d'Horace :

.... Sunt verba et voces prætereàque nihil.

Comment! le partage égal des biens sème les révolutions, et c'est vous, M. D***, qui le dites; ce droit existait en Angleterre lorsque Cromwel renversa le trône des Stuart. Le droit d'aînesse existait en France lorsque la république succéda à la monarchie; voilà pourtant deux grandes révolutions.

Arrêtons-nous; les citations que nous venons de faire de la brochure de M. D*** montrent assez combien

(1) Pag. 21.

sont faibles les raisons qu'un certain parti met en avant pour demander le rétablissement du droit d'aînesse ; elles suffisent pour mettre en évidence l'injustice, l'inutilité et les inconvéniens d'une semblable mesure. Elle est injuste, puisqu'elle prive un certain nombre d'individus des avantages que les lois générales semblaient devoir leur garantir, puisqu'elle les déshérite de la fortune de leur père, puisque, sans qu'ils aient rien fait pour mériter un pareil sort, elle les réduit à une condition précaire, quand leur première éducation les avait accoutumés à toutes les jouissances du luxe, à tous les avantages de la richesse. Elle est inutile, puisque sans elle la France a pu, pendant trente ans, marcher à grands pas vers la prospérité, voir ses ressources s'accroître, ses revenus s'augmenter ; que son commerce a pris une extension nouvelle, que son agriculture n'a jamais été plus florissante, que les arts, les sciences et les lettres y sont cultivés avec une ardeur et un succès dont on trouverait peu d'exemples dans les temps anciens, et pendant les siècles où les aînés des familles jouissaient des plus brillans priviléges. Enfin elle présenterait de graves inconvéniens, puisqu'en rétablissant le monopole des biens, elle détruirait rapidement les nombreux avantages qui sont résultés de la division des terres ; qu'en permettant à quelques familles de relever des châteaux, de planter de nouveaux parcs, elle blesserait les intérêts les plus chers d'une multitude d'hommes utiles, de citoyens laborieux ; qu'en rendant plus riches et plus puissans un petit nombre d'individus, elle laisserait sans ressources une foule de jeunes gens que les auteurs d'un tel changement ne sauraient abandonner sans injustice, et qui viendraient augmenter les charges de l'État.

Verrons - nous donc toujours des hommes oublier que le passé est à jamais entraîné par le torrent des siècles, que chaque génération modifie les idées et les coutumes des générations précédentes, que le génie, les lumières et la civilisation suivent constamment une marche progressive que rien ne peut ralentir, que partout et surtout en France, le ridicule s'attache à la décrépitude revêtue des frivoles attributs de la jeunesse. Ah ! rappelons à ces aveugles qui nous vantent sans-cesse les usages vieillis de nos ayeux, à ces insensés qui croyent avec quelques anneaux rouillés de l'antique chaîne féodale, pouvoir arrêter l'essor d'une génération généreuse et éclairée, rappelons-leur que l'Évangile a dit dans son style simple et figuré : *Le vin nouveau doit être mis dans des vaisseaux neufs.* On semble oublier chaque jour qu'en morale comme en politique, plus d'un précepte utile, plus d'une sage leçon pourraient être puisés dans la parole du Divin Législateur.

Mais rassurons - nous , une loi qui rétablirait le droit d'aînesse ne saurait être proposée, elle ne le sera pas. Ces hommes, si avides de changemens, quand les changemens peuvent les ramener vers le passé, auront inutilement exhumé de la poussière des archives une coutume féodale tombée en désuétude, et la France constitutionnelle, heureuse d'avoir su s'affranchir du joug des préjugés, fière de ses nouvelles institutions, à l'abri de la Charte, son véritable *palladium*, continuera à marcher l'égale des nations les plus puissantes, des peuples les plus favorisés.

FIN.

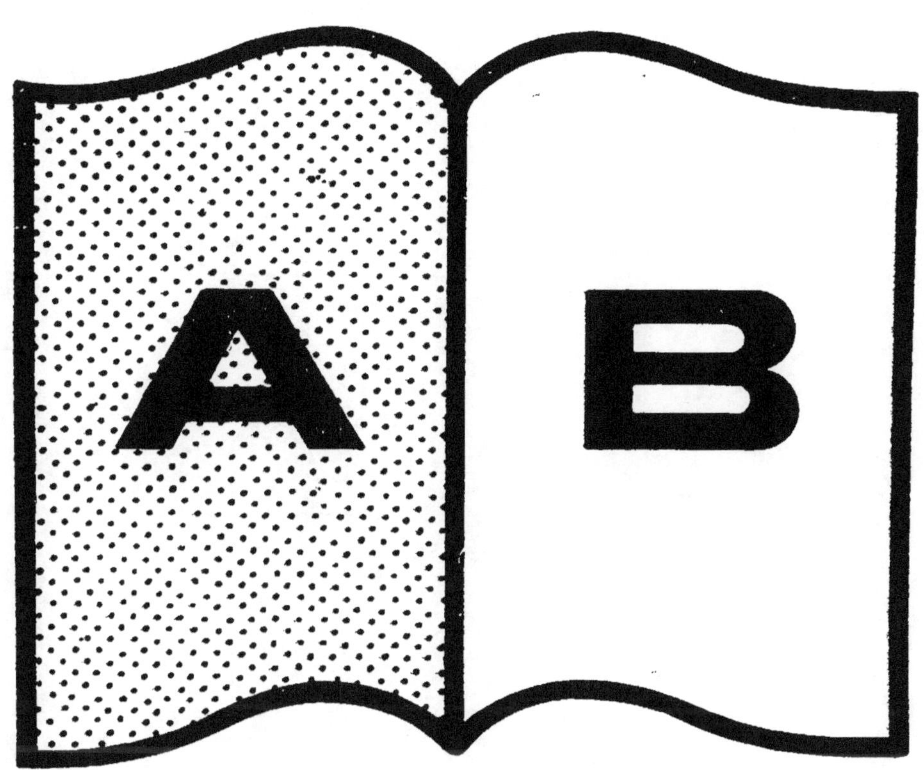

Contraste insuffisant

NF Z 43-120-14